Introduction

On the following pages you will find thematically sorted word search puzzles.

To solve a word search puzzle, all the words listed must be found in the letter matrix above. If a word is found, it should be circled with a pen and crossed out from the word list. If all the words from the list are found, the puzzle is solved. If you have difficulty solving a puzzle, the solution can be found in the solution chapter from page 27 onwards. Every single word is hidden in the matrix as a whole word (always only in one direction and unbroken) to the following rules:

Search words can overlap, which means, a letter box can be used by several keywords.

Words can be hidden forwards, backwards, horizontally, vertically or diagonally in the matrix.

Search words are listed below.

1. Gameplay 1

D	U	S	E	Y	R	X	D	M	R	Y	J
K	W	F	C	M	P	P	E	V	R	H	C
V	W	Q	F	S	T	S	O	H	G	D	Q
E	T	A	M	W	E	R	C	T	Y	G	W
G	G	W	Y	K	M	V	A	A	K	W	D
R	X	V	R	O	T	S	O	P	M	I	A
F	A	B	S	S	K	F	A	K	E	Q	M
E	G	A	T	O	B	A	S	J	W	N	O
F	Y	M	I	B	R	E	X	R	E	T	N
E	J	X	K	Z	H	U	V	E	V	G	G
Z	V	D	B	O	U	F	E	Y	R	T	N
D	Z	H	E	Y	V	V	N	Q	R	X	Z

AMONG   SABOTAGE
US   GHOST
IMPOSTOR   FAKE
CREWMATE   TASK

Ricky Roogle

WORD SEARCH PUZZLES

for Am@ng.us Fans

Contents   page

Bibliografische Information der Deutschen Nationalbibliothek:
Die Deutsche Nationalbibliothek verzeichnet diese Publikation in der
Deutschen Nationalbibliografie; detaillierte bibliografische
Daten sind im Internet über http://dnb.dnb.de abrufbar.

© 2021 Ricky Roogle; 1. Auflage
Covergraphic, text & illustrations © 2021 Ricky Roogle
contact author: ricky.roogle@t-online.de

Herstellung und Verlag: BoD – Books on Demand, Norderstedt
ISBN: 9783752658583

2. Gameplay 2

```
Q  R  Y  X  T  V  D  S  B  X  S  S
Z  G  C  U  O  H  B  F  P  Z  L  I
E  J  A  J  D  S  F  L  A  R  B  Q
B  N  R  Z  I  W  G  R  Z  M  Y  C
F  U  I  I  R  J  G  T  U  F  S  U
J  P  M  G  A  S  D  Z  M  K  K  A
X  Q  X  W  U  D  C  L  E  H  C  I
E  H  T  L  S  U  S  L  P  X  Q  B
K  Q  O  D  O  S  D  V  E  N  T  S
O  P  O  Y  B  F  E  G  A  M  X  R
P  Q  V  Y  L  B  Y  I  A  W  Y  P
E  O  I  O  L  R  S  P  W  Q  W  R
```

MAP	THE
VENTS	SKELD
SUS	MIRA
POLUS	HQ

3. Hats 1

M	R	U	I	O	G	E	E	P	V	K	M
E	Z	K	A	H	I	T	W	Y	Y	V	T
S	E	N	Y	I	V	U	M	A	V	V	U
E	A	M	R	K	A	L	Q	I	V	Z	A
C	Z	M	A	G	M	N	T	R	B	E	N
U	C	Y	T	G	G	C	A	E	U	Z	O
R	A	P	I	I	O	P	A	N	G	Y	R
I	P	A	L	Y	T	R	A	P	A	Y	T
T	T	P	I	M	E	N	I	Q	M	B	S
Y	A	E	M	A	H	Z	I	F	J	J	A
E	I	R	R	K	S	Q	G	X	J	W	L
O	N	S	L	F	L	E	E	K	F	F	N

ASTRONAUT
CAPTAIN
MILITARY
PAPER

PARTY
SECURITY
BANANA
BEAREARS

4. Hats 2

```
K  T  P  K  L  U  M  G  C  Y  E  A
L  F  C  H  E  E  S  E  F  Y  R  S
C  Z  N  M  P  P  D  C  G  E  I  D
B  B  U  O  C  U  K  E  W  N  M  C
B  I  P  K  C  S  M  O  V  B  N  I
C  K  W  P  H  A  L  P  A  I  H  I
P  N  X  J  R  F  T  T  K  T  L  K
I  I  B  K  I  G  W  H  Y  I  X  C
T  F  V  P  M  I  P  I  E  N  N  U
Z  E  A  S  N  R  O  H  Z  A  W  I
Q  H  S  G  M  B  D  S  G  P  D  P
H  H  S  K  O  F  L  Y  G  X  M  E
```

CHEESE   KNIFE
FLOWER   PUMPKIN
DEVIL   BATWINGS
HORNS   CATHEAD

5. Costumes

```
T  Z  K  A  X  Q  O  W  S  X  S  R
A  A  D  K  E  N  X  A  H  H  E  X
M  J  M  P  O  L  I  C  E  N  E  A
E  S  Y  Z  I  U  O  K  I  S  S  N
J  Y  P  N  A  F  R  M  W  Z  R  D
X  G  M  O  W  H  O  T  R  B  O  T
W  Z  N  A  D  Y  D  X  H  E  T  E
I  Q  L  I  H  K  B  R  Y  H  C  P
H  L  N  G  D  V  R  I  A  G  O  L
H  H  S  B  I  N  C  X  H  U  D  D
Z  Z  F  G  Z  R  A  B  T  K  G  F
R  E  T  N  I  W  L  L  K  C  U  S
```

WINTER	POLICE
MINER	LANDING
WALL	HAZMAT
GUARD	DOCTOR

6. Pets

```
X  Z  J  E  O  H  M  Z  B  A  S  F
N  H  A  I  T  U  H  H  C  Y  F  M
A  V  N  R  Y  D  E  R  E  T  P  Z
V  I  G  O  D  N  E  A  B  Q  I  R
M  Y  O  V  R  W  S  R  D  Q  K  E
X  E  W  Y  M  D  A  D  E  T  S  T
O  O  I  A  K  I  O  L  O  U  Q  S
Y  D  T  U  N  A  L  B  F  Y  U  M
I  E  Y  S  N  I  O  O  G  B  I  A
A  W  L  N  E  R  K  W  M  I  G  H
P  U  I  B  B  C  M  A  D  L  N  Q
G  N  D  V  P  J  V  C  I  J  M  D
```

UFO	MINI
DOG	CREWMATE
HAMSTER	ELLIE
HENRY	ROBOT
BRAINSLUG	SQUIG

7. Crewmate Colors

O	L	D	Q	U	M	P	O	O	V	D	C
E	F	F	Y	S	B	N	R	S	N	Q	G
Y	A	H	Q	L	N	A	W	W	I	H	Q
P	U	O	U	O	N	Y	O	W	B	E	R
O	V	E	D	G	D	R	J	N	U	L	N
S	J	C	E	E	B	F	L	E	L	A	F
X	Y	W	H	B	R	I	N	Z	Y	G	Z
N	P	C	O	X	J	Y	R	C	N	B	Q
V	Q	H	J	L	Y	C	B	L	A	C	K
U	M	Y	M	J	L	R	F	J	I	D	H
F	C	H	W	Q	X	E	P	J	S	N	V
O	F	S	L	I	M	E	Y	L	X	B	M

RED	ORANGE
BLACK	LIME
BLUE	YELLOW
BROWN	CYAN

8. Fake Tasks

X	W	Y	D	Y	M	S	Z	R	P	F	P
N	U	T	N	A	J	N	F	L	G	U	V
J	G	P	V	A	N	R	R	E	Q	A	B
O	A	M	G	C	S	C	A	M	T	S	T
D	R	E	R	W	D	H	E	I	P	T	Y
C	B	S	K	I	L	U	L	I	K	E	O
M	A	F	P	C	E	T	C	V	M	R	P
R	G	V	Z	T	I	E	X	I	B	O	R
G	E	N	M	V	H	X	R	C	F	I	A
R	B	A	B	K	S	P	Q	W	Y	D	E
Y	E	C	B	B	P	H	P	E	G	S	L
F	H	S	E	S	U	B	M	I	T	B	C

EMPTY	SHIELDS
GARBAGE	CLEAR
CLEAR	ASTEROIDS
CHUTE	SUBMIT
PRIME	SCAN

9. Locations 1

O	2	D	U	G	J	C	I	G	T	M	E
U	A	E	I	E	R	U	W	Q	X	Y	R
T	O	R	I	L	U	S	K	E	N	N	O
S	L	P	U	L	T	L	H	S	W	O	T
I	K	C	B	O	U	A	I	U	E	C	C
D	A	X	R	R	A	U	P	O	A	L	A
E	C	A	Y	M	L	N	D	H	P	A	E
V	G	W	N	D	V	C	A	N	O	B	R
E	X	Q	Y	H	N	H	F	E	N	A	X
Q	N	D	H	K	B	P	S	E	S	K	A
J	F	O	W	H	J	A	U	R	I	M	P
X	O	Y	L	N	J	D	H	G	S	M	D

O2
GREENHOUSE
WEAPONS
BALCONY

REACTOR
OUTSIDE
STORAGE
LAUNCHPAD

10. Locations 2

```
Z  Z  M  A  W  Q  L  O  O  L  J  W
Q  X  X  S  Q  V  X  W  G  J  T  E
N  U  U  P  H  E  Y  S  A  G  K  Z
F  S  A  C  M  M  O  A  P  J  G  Y
S  L  D  T  X  H  Q  J  B  Q  Y  R
F  P  S  L  O  R  B  C  V  D  O  K
O  U  E  F  E  M  R  S  Z  T  E  O
U  F  E  C  A  I  R  E  C  V  F  M
J  K  V  L  I  R  H  A  L  F  V  I
G  G  J  K  O  M  E  S  I  I  D  T
F  E  V  O  I  R  E  C  E  D  O  B
M  F  M  J  N  S  E  N  R  D  S  B
```

MEDBAY	OFFICE
BOILER	SPECIMEN
ROOM	FUEL
SHIELDS	REACTOR

11. Locations 3

C	A	F	E	T	E	R	I	A	K	N	X
D	L	M	Y	W	C	R	B	G	L	O	R
Z	N	X	H	A	Y	I	A	R	L	I	E
D	T	N	S	F	R	L	E	C	O	T	H
D	L	F	S	N	O	N	B	T	W	A	G
R	Y	I	M	U	T	D	I	Z	E	G	I
O	R	M	U	C	A	M	R	M	R	I	H
P	B	M	B	I	R	H	F	N	D	V	R
S	Q	P	B	S	O	X	R	Z	I	A	L
H	S	C	I	W	B	H	J	L	E	N	G
I	N	Q	T	S	A	R	H	Q	S	G	D
P	U	S	L	A	L	E	N	G	I	N	E

LABORATORY	CAFETERIA
LOWER	NAVIGATION
HIGHER	ADMIN
ENGINE	DROPSHIP

12. Tasks 1

E	P	O	C	S	E	L	E	T	H	E	U
P	N	J	Q	E	S	N	Z	H	Y	L	E
E	G	A	R	E	V	E	B	L	R	B	Q
G	A	L	G	A	T	J	O	X	T	M	A
S	C	Z	A	D	R	I	V	U	E	E	C
F	J	C	H	P	J	T	P	W	R	S	J
A	L	I	G	N	L	T	I	Z	Q	S	B
X	P	G	Q	Z	U	I	W	F	V	A	B
J	J	W	F	O	C	P	X	P	A	S	B
Y	V	V	D	N	M	Y	P	Q	B	C	F
U	C	S	K	H	V	H	L	S	V	Z	T
B	I	E	N	I	G	N	E	F	Z	N	H

ALIGN   ASSEMBLE

ENGINE   ARTIFACT

OUTPUT   BUY

TELESCOPE BEVERAGE

13. Tasks 2

```
Y  T  R  K  S  I  M  L  K  E  L  V
Z  B  D  Q  A  L  G  Z  O  F  Z  E
F  F  I  M  F  I  V  W  M  E  C  F
S  D  I  O  R  E  T  S  A  H  Z  I
U  W  C  M  X  N  C  D  A  S  J  L
S  X  C  A  L  I  B  R  A  T  E  T
L  I  K  G  W  Q  T  C  W  K  Q  E
D  I  S  T  R  I  B  U  T  O  R  R
G  S  E  S  R  U  O  C  O  O  A  K
T  R  S  T  T  M  Y  N  K  E  M  P
T  T  C  M  P  D  Y  I  L  W  W  D
U  F  C  L  E  A  N  C  A  U  K  M
```

CALIBRATE   CLEAN
DISTRIBUTOR   FILTER
CHART   CLEAR
COURSE   ASTEROIDS

14. Tasks 3

U	W	R	Z	V	F	D	C	A	C	L	A
C	S	P	O	W	E	R	G	E	A	Y	D
R	C	O	B	Y	A	A	M	V	X	C	C
J	Z	D	N	D	R	P	P	D	T	U	B
C	H	A	L	B	T	C	L	S	J	C	Q
N	M	C	A	Y	H	I	F	J	O	B	C
J	E	G	E	X	F	S	Q	D	V	W	R
Y	E	O	P	D	N	E	E	V	U	K	F
E	N	T	E	R	Z	I	X	V	G	D	H
S	G	C	H	U	T	E	Q	D	B	Q	I
Q	Z	I	D	R	M	T	R	E	V	I	D
O	O	U	Y	P	R	R	M	T	H	U	H

DIVERT   GARBAGE
POWER   ENTER
EMPTY   ID
CHUTE   CODE

15. Tasks 4

W	A	Q	A	O	G	M	P	D	S	Z	J
S	E	N	I	G	N	E	W	J	L	C	J
V	J	A	S	J	G	V	M	M	A	C	U
R	E	W	T	I	Z	K	S	N	E	A	L
J	J	T	R	H	C	D	I	D	L	L	H
B	B	N	L	K	E	S	D	N	I	O	M
N	O	D	E	T	T	R	Q	F	N	R	G
N	A	G	H	E	B	J	B	N	Y	D	N
L	D	E	R	J	T	Z	R	Z	P	Y	I
P	E	S	L	F	Q	L	E	U	F	G	R
R	N	Q	U	C	I	Q	T	G	B	C	I
L	O	Y	B	H	E	X	G	D	Y	W	W

FILL   NODE

CANISTERS   WIRING

FIX   FUEL

WEATHER   ENGINES

M	E	A	S	U	R	E	J	N	W	T	N
G	C	W	E	L	P	M	A	S	E	I	G
J	Y	K	Z	F	O	L	W	I	A	N	K
U	X	A	B	E	L	U	X	N	T	S	M
R	E	A	U	B	Y	A	O	S	H	E	O
Z	M	F	F	E	M	B	M	P	E	R	N
F	K	R	K	R	E	B	V	E	R	T	I
V	E	B	E	W	V	E	A	C	L	S	T
U	Y	B	B	G	F	Y	R	T	Z	D	O
R	S	Y	I	U	Z	N	S	T	X	V	R
V	Y	N	A	M	G	P	H	Q	C	T	A
S	W	J	J	P	Z	Z	Y	W	A	V	O

INSERT   MEASURE
KEYS   WEATHER
INSPECT   MONITOR
SAMPLE   TREE

S	Y	A	W	R	E	T	A	W	G	Q	J
A	V	I	E	W	I	F	I	I	O	S	O
M	E	G	M	Z	W	L	B	E	X	H	V
R	O	I	I	C	Z	Z	A	R	H	I	A
B	E	J	R	B	E	T	O	O	C	E	I
B	E	B	P	N	A	I	W	Z	P	L	K
Q	E	W	O	D	Q	M	O	R	J	D	R
R	E	R	Q	O	O	W	O	P	T	S	X
H	J	W	A	J	T	C	K	T	E	Q	X
Y	U	X	E	J	E	L	B	Q	I	N	B
Y	G	Y	Y	S	H	R	N	R	O	J	W
A	R	G	S	X	U	Z	G	I	E	U	C

OPEN   PROCESS
WATERWAYS   DATA
PRIME   REBOOT
SHIELDS   WIFI

18. Tasks 7

R	M	A	O	T	C	A	C	J	H	M	X
B	S	D	N	A	N	Y	M	R	T	W	E
V	J	D	S	R	B	M	K	I	O	J	R
Q	L	X	Q	G	U	J	P	K	H	L	U
E	E	C	A	L	P	E	R	K	K	L	T
C	O	G	S	Z	Q	O	F	I	X	I	A
N	U	K	U	Y	V	A	V	I	T	R	R
S	C	I	T	S	O	N	G	A	I	D	E
Q	M	T	K	Z	T	E	Y	X	E	Q	P
D	R	O	C	E	R	I	A	P	E	R	M
I	A	X	C	L	M	Z	K	T	E	H	E
V	C	S	D	R	U	N	L	W	N	F	T

RECORD   REPLACE
TEMPERATURE   JUG
REPAIR   RUN
DRILL   DIAGNOSTICS

19. Tasks 8

G	I	H	S	P	P	O	W	O	V	L	X
X	Q	X	T	E	S	S	U	D	T	P	S
B	L	L	E	C	S	D	X	M	R	Y	A
A	E	O	E	S	Y	Q	P	P	E	Q	M
B	S	K	R	T	T	S	A	E	A	Z	P
S	J	U	I	A	W	T	S	U	C	S	L
N	B	H	N	B	E	A	S	Z	T	F	E
E	N	M	G	I	S	R	B	G	O	J	S
S	X	I	W	L	N	T	E	Q	R	A	C
S	C	A	N	I	C	A	T	E	X	M	C
P	M	F	V	Z	F	T	R	O	S	D	V
D	W	M	K	E	U	U	N	Y	C	F	R

SCAN	STABILIZE
PASS	STEERING
SORT	START
SAMPLES	REACTOR

20. Tasks 9

```
X  Z  I  C  M  S  T  Y  S  S  R  P
P  J  Y  S  T  O  R  E  D  T  B  T
M  X  J  Y  D  Y  G  A  L  C  T  X
O  I  U  N  Y  R  V  F  O  A  C  C
G  L  B  G  L  N  K  P  F  F  A  A
E  E  Q  O  N  C  H  V  I  I  R  J
N  P  L  A  O  A  M  P  N  T  D  D
Z  W  I  L  I  S  C  D  A  R  V  A
I  X  N  W  Y  N  A  S  M  A  L  S
S  U  G  R  S  Q  F  J  V  C  U  J
P  H  P  N  Y  Q  X  A  K  G  V  W
S  U  B  M  I  T  W  C  K  Y  Q  N
```

STORE   SWIPE
ARTIFACTS   CARD
SUBMIT   UNLOCK
SCAN   MANIFOLDS

21. Tasks 10

```
I  I  U  N  P  L  U  A  L  E  M  C
M  F  E  F  C  Y  L  Q  D  L  Y  H
Q  S  F  D  M  H  W  G  A  C  T  O
D  E  L  X  R  H  A  K  I  Y  Q  L
O  B  G  S  E  F  V  R  F  D  I  W
D  Z  O  J  T  H  W  A  T  E  R  B
I  D  H  N  N  N  C  O  U  R  S  E
H  E  Z  A  E  H  A  B  B  D  W  A
B  U  U  Z  I  L  V  L  A  H  V  U
U  P  L  O  A  D  S  T  P  C  I  I
T  F  D  U  M  W  A  R  B  V  M  B
E  B  D  F  U  T  N  U  O  U  E  N
```

UPLOAD   CHART
DATA   COURSE
WATER   ENTER
PLANTS   ID

22. Tasks 11

V	E	X	A	Q	C	A	D	D	S	V	Z
W	H	C	R	E	V	C	R	S	M	W	S
I	V	O	E	R	M	N	N	G	R	T	M
R	F	F	H	D	F	A	Q	N	M	E	E
I	I	M	T	D	Z	U	A	D	J	C	A
N	L	K	A	Q	E	B	C	S	L	C	S
G	L	G	E	B	F	E	X	B	S	C	U
W	V	C	W	L	R	I	A	P	E	R	R
N	I	Z	J	G	F	K	A	D	M	P	E
F	W	C	A	N	I	S	T	E	R	S	Q
C	G	Y	W	J	L	L	I	R	D	I	U
P	A	X	I	F	E	A	R	Q	H	Q	Q

FIX   REPAIR

WIRING   DRILL

FILL   MEASURE

CANISTERS   WEATHER

23. Tasks 12

L	G	F	R	O	T	I	N	O	M	U	Y
U	P	R	O	C	E	S	S	W	T	I	M
A	L	I	G	N	P	R	X	E	J	M	H
U	H	E	T	E	E	U	L	J	X	V	R
J	H	Z	L	A	R	E	B	A	X	A	V
Z	C	S	C	E	S	N	S	X	T	B	E
I	K	T	L	C	K	N	L	A	J	W	G
Z	O	Z	O	J	X	S	D	L	V	Q	Z
R	D	P	K	B	E	T	D	N	E	W	K
E	E	E	F	W	L	A	N	X	G	L	W
A	Q	A	N	J	O	R	K	A	D	I	U
E	E	R	T	W	Y	T	J	O	N	D	F

PROCESS   MONITOR
DATA   TREE
START   ALIGN
REACTOR   TELESCOPE

1. Gameplay 1

D	U	S	E	Y	R	X	D	M	R	Y	J
K	W	F	C	M	P	P	E	V	R	H	C
V	W	Q	F	S	T	S	O	H	G	D	Q
E	T	A	M	W	E	R	C	T	Y	G	W
G	G	W	Y	K	M	V	A	A	K	W	D
R	X	V	R	O	T	S	O	P	M	I	A
F	A	B	S	S	K	F	A	K	E	Q	M
E	G	A	T	O	B	A	S	J	W	N	O
F	Y	M	I	B	R	E	X	R	E	T	N
E	J	X	K	Z	H	U	V	E	V	G	G
Z	V	D	B	O	U	F	E	Y	R	T	N
D	Z	H	E	Y	V	V	N	Q	R	X	Z

2. Gameplay 2

Q	R	Y	X	T	V	D	S	B	X	S	S
Z	G	C	U	O	H	B	F	P	Z	L	I
E	J	A	J	D	S	F	L	A	R	B	Q
B	N	R	Z	I	W	G	R	Z	M	Y	C
F	U	I	I	R	J	G	T	U	F	S	U
J	P	M	G	A	S	D	Z	M	K	K	A
X	Q	X	W	U	D	C	L	E	H	C	I
E	H	T	L	S	U	S	L	P	X	Q	B
K	Q	O	D	O	S	D	V	E	N	T	S
O	P	O	Y	B	F	E	G	A	M	X	R
P	Q	V	Y	L	B	Y	I	A	W	Y	P
E	O	I	O	L	R	S	P	W	Q	W	R

3. Hats 1

M	R	U	I	O	G	E	E	P	V	K	M
E	Z	K	A	H	I	T	W	Y	Y	V	T
S	E	N	Y	I	V	U	M	A	V	V	U
E	A	M	R	K	A	L	Q	I	V	Z	A
C	Z	M	A	G	M	N	T	R	B	E	N
U	C	Y	T	G	G	C	A	E	U	Z	O
R	A	P	I	I	O	P	A	N	G	Y	R
I	P	A	L	Y	T	R	A	P	A	Y	T
T	T	P	I	M	E	N	I	Q	M	B	S
Y	A	E	M	A	H	Z	I	F	J	J	A
E	I	R	R	K	S	Q	G	X	J	W	L
O	N	S	L	F	L	E	E	K	F	F	N

4. Hats 2

K	T	P	K	L	U	M	G	C	Y	E	A
L	F	C	H	E	E	S	E	F	Y	R	S
C	Z	N	M	P	P	D	C	G	E	I	D
B	B	U	O	C	U	K	E	W	N	M	C
B	I	P	K	C	S	M	O	V	B	N	I
C	K	W	P	H	A	L	P	A	I	H	I
P	N	X	J	R	F	T	T	K	T	L	K
I	I	B	K	I	G	W	H	Y	I	X	C
T	F	V	P	M	I	P	I	E	N	N	U
Z	E	A	S	N	R	O	H	Z	A	W	I
Q	H	S	G	M	B	D	S	G	P	D	P
H	H	S	K	O	F	L	Y	G	X	M	E

5. Costumes

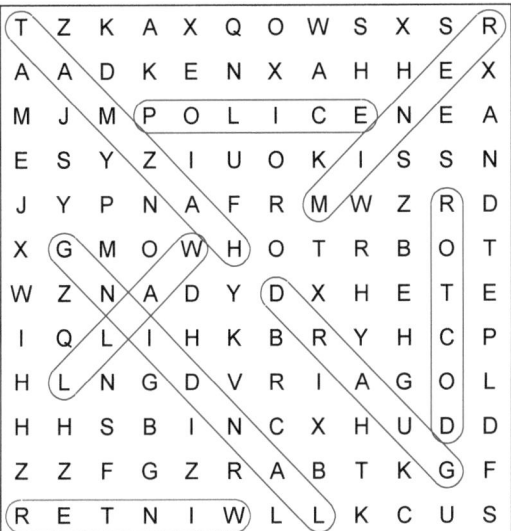

6. Pets

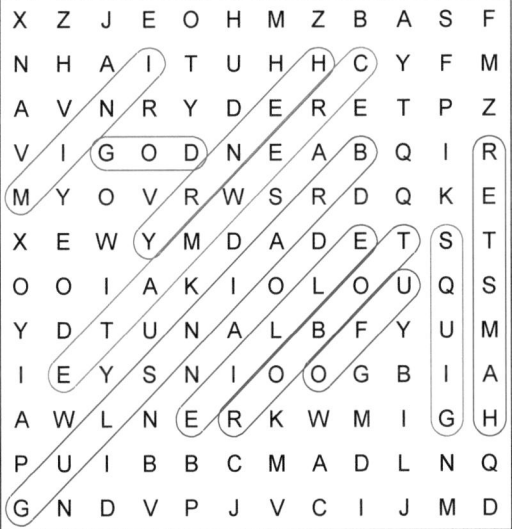

7. Crewmate Colors

O	L	D	Q	U	M	P	O	O	V	D	C
E	F	F	Y	S	B	N	R	S	N	Q	G
Y	A	H	Q	L	N	A	W	W	I	H	Q
P	U	O	U	O	N	Y	O	W	B	E	R
O	V	E	D	G	D	R	J	N	U	L	N
S	J	C	E	E	B	F	L	E	L	A	F
X	Y	W	H	B	R	I	N	Z	Y	G	Z
N	P	C	O	X	J	Y	R	C	N	B	Q
V	Q	H	J	L	Y	C	B	L	A	C	K
U	M	Y	M	J	L	R	F	J	I	D	H
F	C	H	W	Q	X	E	P	J	S	N	V
O	F	S	L	I	M	E	Y	L	X	B	M

8. Fake tasks

X	W	Y	D	Y	M	S	Z	R	P	F	P
N	U	T	N	A	J	N	F	L	G	U	V
J	G	P	V	A	N	R	R	E	Q	A	B
O	A	M	G	C	S	C	A	M	T	S	T
D	R	E	R	W	D	H	E	I	P	T	Y
C	B	S	K	I	L	U	L	I	K	E	O
M	A	F	P	C	E	T	C	V	M	R	P
R	G	V	Z	T	I	E	X	I	B	O	R
G	E	N	M	V	H	X	R	C	F	I	A
R	B	A	B	K	S	P	Q	W	Y	D	E
Y	E	C	B	B	P	H	P	E	G	S	L
F	H	S	E	S	U	B	M	I	T	B	C

30

9. Locations 1

O	2	D	U	G	J	C	I	G	T	M	E
U	A	E	I	E	R	U	W	Q	X	Y	R
T	O	R	I	L	U	S	K	E	N	N	O
S	L	P	U	L	T	L	H	S	W	O	T
I	K	C	B	O	U	A	I	U	E	C	C
D	A	X	R	R	A	U	P	O	A	L	A
E	C	A	Y	M	L	N	D	H	P	A	E
V	G	W	N	D	V	C	A	N	O	B	R
E	X	Q	Y	H	N	H	F	E	N	A	X
Q	N	D	H	K	B	P	S	E	S	K	A
J	F	O	W	H	J	A	U	R	I	M	P
X	O	Y	L	N	J	D	H	G	S	M	D

10. Locations 2

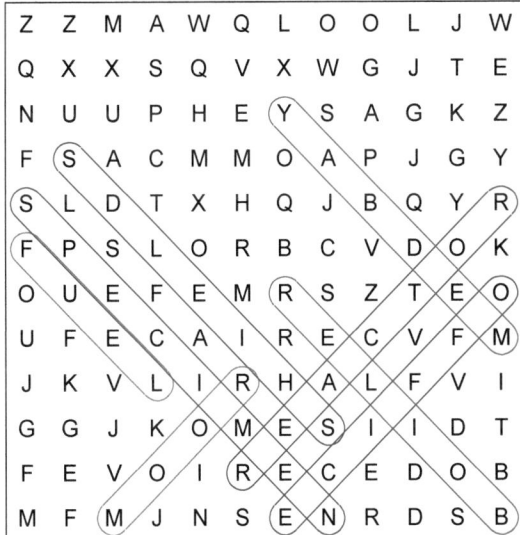

Z	Z	M	A	W	Q	L	O	O	L	J	W
Q	X	X	S	Q	V	X	W	G	J	T	E
N	U	U	P	H	E	Y	S	A	G	K	Z
F	S	A	C	M	M	O	A	P	J	G	Y
S	L	D	T	X	H	Q	J	B	Q	Y	R
F	P	S	L	O	R	B	C	V	D	O	K
O	U	E	F	E	M	R	S	Z	T	E	O
U	F	E	C	A	I	R	E	C	V	F	M
J	K	V	L	I	R	H	A	L	F	V	I
G	G	J	K	O	M	E	S	I	I	D	T
F	E	V	O	I	R	E	C	E	D	O	B
M	F	M	J	N	S	E	N	R	D	S	B

11. Locations 3

C	A	F	E	T	E	R	I	A	K	N	X
D	L	M	Y	W	C	R	B	G	L	O	R
Z	N	X	H	A	Y	I	A	R	L	I	E
D	T	N	S	F	R	L	E	C	O	T	H
D	L	F	S	N	O	N	B	T	W	A	G
R	Y	I	M	U	T	D	I	Z	E	G	I
O	R	M	U	C	A	M	R	M	R	I	H
P	B	M	B	I	R	H	F	N	D	V	R
S	Q	P	B	S	O	X	R	Z	I	A	L
H	S	C	I	W	B	H	J	L	E	N	G
I	N	Q	T	S	A	R	H	Q	S	G	D
P	U	S	L	A	L	E	N	G	I	N	E

12. Tasks 1

E	P	O	C	S	E	L	E	T	H	E	U
P	N	J	Q	E	S	N	Z	H	Y	L	E
E	G	A	R	E	V	E	B	L	R	B	Q
G	A	L	G	A	T	J	O	X	T	M	A
S	C	Z	A	D	R	I	V	U	E	E	C
F	J	C	H	P	J	T	P	W	R	S	J
A	L	I	G	N	L	T	I	Z	Q	S	B
X	P	G	Q	Z	U	I	W	F	V	A	B
J	J	W	F	O	C	P	X	P	A	S	B
Y	V	V	D	N	M	Y	P	Q	B	C	F
U	C	S	K	H	V	H	L	S	V	Z	T
B	I	E	N	I	G	N	E	F	Z	N	H

13. Tasks 2

Y	T	R	K	S	I	M	L	K	E	L	V
Z	B	D	Q	A	L	G	Z	O	F	Z	E
F	F	I	M	F	I	V	W	M	E	C	F
S	D	I	O	R	E	T	S	A	H	Z	I
U	W	C	M	X	N	C	D	A	S	J	L
S	X	C	A	L	I	B	R	A	T	E	T
L	I	K	G	W	Q	T	C	W	K	Q	E
D	I	S	T	R	I	B	U	T	O	R	R
G	S	E	S	R	U	O	C	O	O	A	K
T	R	S	T	T	M	Y	N	K	E	M	P
T	T	C	M	P	D	Y	I	L	W	W	D
U	F	C	L	E	A	N	C	A	U	K	M

14 Tasks 3

U	W	R	Z	V	F	D	C	A	C	L	A
C	S	P	O	W	E	R	G	E	A	Y	D
R	C	O	B	Y	A	A	M	V	X	C	C
J	Z	D	N	D	R	P	P	D	T	U	B
C	H	A	L	B	T	C	L	S	J	C	Q
N	M	C	A	Y	H	I	F	J	O	B	C
J	E	G	E	X	F	S	Q	D	V	W	R
Y	E	O	P	D	N	E	E	V	U	K	F
E	N	T	E	R	Z	I	X	V	G	D	H
S	G	C	H	U	T	E	Q	D	B	Q	I
Q	Z	I	D	R	M	T	R	E	V	I	D
O	O	U	Y	P	R	R	M	T	H	U	H

15. Tasks 4

W	A	Q	A	O	G	M	P	D	S	Z	J
S	E	N	I	G	N	E	W	J	L	C	J
V	J	A	S	J	G	V	M	M	A	C	U
R	E	W	T	I	Z	K	S	N	E	A	L
J	J	T	R	H	C	D	I	D	L	L	H
B	B	N	L	K	E	S	D	N	I	O	M
N	O	D	E	T	T	R	Q	F	N	R	G
N	A	G	H	E	B	J	B	N	Y	D	N
L	D	E	R	J	T	Z	R	Z	P	Y	I
P	E	S	L	F	Q	L	E	U	F	G	R
R	N	Q	U	C	I	Q	T	G	B	C	I
L	O	Y	B	H	E	X	G	D	Y	W	W

16. Tasks 5

M	E	A	S	U	R	E	J	N	W	T	N
G	C	W	E	L	P	M	A	S	E	I	G
J	Y	K	Z	F	O	L	W	I	A	N	K
U	X	A	B	E	L	U	X	N	T	S	M
R	E	A	U	B	Y	A	O	S	H	E	O
Z	M	F	F	E	M	B	M	P	E	R	N
F	K	R	K	R	E	B	V	E	R	T	I
V	E	B	E	W	V	E	A	C	L	S	T
U	Y	B	B	G	F	Y	R	T	Z	D	O
R	S	Y	I	U	Z	N	S	T	X	V	R
V	Y	N	A	M	G	P	H	Q	C	T	A
S	W	J	J	P	Z	Z	Y	W	A	V	O

17. Tasks 6

S	Y	A	W	R	E	T	A	W	G	Q	J
A	V	I	E	W	I	F	I	I	O	S	O
M	E	G	M	Z	W	L	B	E	X	H	V
R	O	I	I	C	Z	Z	A	R	H	I	A
B	E	J	R	B	E	T	O	O	C	E	I
B	E	B	P	N	A	I	W	Z	P	L	K
Q	E	W	O	D	Q	M	O	R	J	D	R
R	E	R	Q	O	O	W	O	P	T	S	X
H	J	W	A	J	T	C	K	T	E	Q	X
Y	U	X	E	J	E	L	B	Q	I	N	B
Y	G	Y	Y	S	H	R	N	R	O	J	W
A	R	G	S	X	U	Z	G	I	E	U	C

18. Tasks 7

R	M	A	O	T	C	A	C	J	H	M	X
B	S	D	N	A	N	Y	M	R	T	W	E
V	J	D	S	R	B	M	K	I	O	J	R
Q	L	X	Q	G	U	J	P	K	H	L	U
E	E	C	A	L	P	E	R	K	K	L	T
C	O	G	S	Z	Q	O	F	I	X	I	A
N	U	K	U	Y	V	A	V	I	T	R	R
S	C	I	T	S	O	N	G	A	I	D	E
Q	M	T	K	Z	T	E	Y	X	E	Q	P
D	R	O	C	E	R	I	A	P	E	R	M
I	A	X	C	L	M	Z	K	T	E	H	E
V	C	S	D	R	U	N	L	W	N	F	T

19. Tasks 8

20. Tasks 9

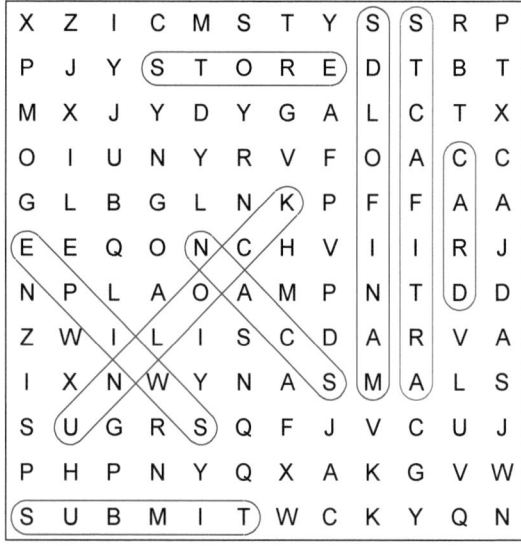

21. Tasks 10

22. Tasks 11

23. Tasks 12

L	G	F	R	O	T	I	N	O	M	U	Y
U	P	R	O	C	E	S	S	W	T	I	M
A	L	I	G	N	P	R	X	E	J	M	H
U	H	E	T	E	E	U	L	J	X	V	R
J	H	Z	L	A	R	E	B	A	X	A	V
Z	C	S	C	E	S	N	S	X	T	B	E
I	K	T	L	C	K	N	L	A	J	W	G
Z	O	Z	O	J	X	S	D	L	V	Q	Z
R	D	P	K	B	E	T	D	N	E	W	K
E	E	E	F	W	L	A	N	X	G	L	W
A	Q	A	N	J	O	R	K	A	D	I	U
E	E	R	T	W	Y	T	J	O	N	D	F

SUPER
COLORING BOOK
for Among.us Fans

CREWMATES
COLORING BOOK
for Among.us Fans

The
SUPER
MAZE BOOK
for Among.us Fans

PASSWORD
LOGBOOK
for Among.us Fans

MATH
COLORING BOOK
for Among.us Fans

HOW TO DRAW
SKINS
for Among.us Fans

WORD SEARCH
PUZZLES
for Among.us Fans

SUPER
QUIZ
BOOK
for Among.us Fans

CARTOONS
MEMES and
JOKES
for Among.us Fans

WTF!

Notebook

Crewmate Notebook

Impostor
Notebook